Curt Nagel

Alexandre Hardys Einfluss auf Pierre Corneille

Curt Nagel

Alexandre Hardys Einfluss auf Pierre Corneille

ISBN/EAN: 9783744609333

Hergestellt in Europa, USA, Kanada, Australien, Japan

Cover: Foto ©Thomas Meinert / pixelio.de

Weitere Bücher finden Sie auf **www.hansebooks.com**

AUSGABEN UND ABHANDLUNGEN
AUS DEM GEBIETE DER
ROMANISCHEN PHILOLOGIE.
VERÖFFENTLICHT VON E. STENGEL.

XXVIII.

ALEXANDRE HARDY'S EINFLUSS

AUF

PIERRE CORNEILLE.

VON

CURT NAGEL.

MARBURG.
N. G. ELWERT'SCHE VERLAGSBUCHHANDLUNG.
1884.

Meinen Eltern.

1] Alexandre Hardy gehört zu denjenigen französischen Schriftstellern des 17. Jahrhunderts, welche, von der modernen Kritik verkannt, erst in neuester Zeit in gebührender Weise gewürdigt worden sind.

2] Zum teil ist daran wohl die schwere Zugänglichkeit seiner Werke schuld. Sagt doch Lotheissen (Geschichte der französischen Literatur im 17. Jahrhundert. Band I, 305.), dessen Angaben über Hardy übrigens mancherlei Unrichtigkeiten aufweisen, dass er in Wien nur den zweiten Band[1]) von Hardys sechs Bände umfassenden Werken habe auftreiben können. Viele Litterarhistoriker haben sich wohl mit einer Kenntnisnahme von Parfaicts meist sehr kurzen Analysen der Hardyschen Stücke begnügt.

In Deutschland scheint nur die Wolfenbütteler Bibliothek alle fünf Bände des »Théâtre« zu besitzen[2]). Ausserdem befinden

---

1) Est ist das der erste Band des »Théâtre«, zweite Ausgabe, Paris 1626 (vgl. Loth. I, 300), da Lotheissen »Théagène & Cariclée« als Band I der Werke Hardys zählt.

2) Band I ist in zweiter Auflage (Paris 1626) doppelt vorhanden. Das eine Exemplar ist aber unvollständig, indem Titel und erste Lage dem zweiten Bande angehören. Das andere zeigt ein hübsches Titelkupferbild. Oben in der Mitte sitzt auf einem Throne eine gekrönte weibliche Figur, in der rechten Hand eine Trompete, von der eine mit Augen und Ohren geschmückte Fahne herabhängt, in der Linken ein Scepter. Die Figur stellt also die Fama vor. Rechts und links im Hintergrunde sind zwei Theaterscenen. Im Vordergrunde befindet sich ein zahlreiches, lebhaft theilnehmendes Publikum. Dazu gehören die darunterstehenden Verse: »Aux charmes de la voix la graue Melpomoene, De l'obfcur du Tombeau les vertueux rameine.« Darunter zwei männliche Figuren als Wappenhalter des Titels: »LE THEATRE D'Alexandre Hardy, Parifien. Dédié a Monfeigneur le Duc de Montmorancy«, zu deren Füssen die beiden Tauben, das Hauszeichen des Verlegers: A PARIS Chez IACQUES QUESNEL rüe Saint Iacques, aux Colombes, pres S. Benoift. — Der zweite Band des Wolfenbüttler Exemplares gehört der ersten Ausgabe,

sich noch vier Bände in der Dresdener¹) und einer²) in der
Münchener Hofbibliothek. Ein Exemplar von Hardys Erstlings-
werk ist dagegen in Deutschland nur in Dresden vorhanden³).
Dasselbe ist, da es eine Bearbeitung der griechischen Erzählung
Heliodors ist, dort fälschlich der griechischen Litteratur einge-
reiht worden, es trägt gegenwärtig daselbst die Signatur »Lit.

Paris 1625, an; ein Exemplar der zweiten, Paris 1632, vermag ich nicht
nachzuweisen.

1) Es sind dieselben Ausgaben wie die in Wolfenbüttel, dem ersten
Bande fehlt das Titelkupfer, dem vierten das Titelblatt. Der fünfte fehlt.

2) Band I, Erste Ausgabe, Paris 1624. Wegen einer Ausgabe Frank-
furt 1625 siehe den Catalogue Soleinne n° 882.

3) Est ist die zweite Auflage: »LES CHASTES ET LOYALES
AMOVRS DE THEAGENE ET CARICLÉE, reduites du Grec de l'Histoire
d'Heliodore, en huit Poëmes Dramatiques, où de Theatre consecutifs. Par
ALEXANDRE HARDY, Parifien. Seconde Edition, Reueüe & corrigée
fur le manufcript. A PARIS, Chez IACQVES QVESNEL. M. D C. XXVIII.«
Da Prof. Stengel in seinen Neudruck dieses Jugendwerk vorläufig nicht
aufgenommen hat, setze ich hier die wichtige Widmung an Payen her:
»A MONSIEVR, MONSIEVR PAYEN, Conseiller du Roy en sa Cour de
Parlement de Paris, & Sieur des Landes. MONSIEVR, Encore que les
premiers fruits n'atteignent pas cette perfection de bonté, que leur
apporte le temps, on les consacroit anciennement aux Dieux, par vne
préference d'honneur qui se rendoit agreable, semblant la nouueauté
suppléer à ce qui d'ailleurs estoit défectueux, ainsy cette inimitable
Histoire d'Helio[2]dore, à laquelle i'ay fait prendre le cothurne François,
eclose pendant les boüillons d'vne ieunesse, s'ose ieter en
l'azile de votre protection, comme seul qui dans la France aues receu
ma pauure Muse à bras onuerts en son affiction, & vü de bon œil ce
peu de fleurs, qu'elle a pû produire entre les épines de toutes sortes
d'incommoditez: or ne doutay-je point, qu'assez de Momes, plus louches
d'enuie, que subtils de iugement, ne donnent icy force coups de dents,
mais en cela me sufit la consolation, d'auoir compagnons les meilleurs
Poëtes de notre France, à qui les rimeurs d'auiourd'huy, font encore la
guerre dans le tombeau. Mon ambition ne fut, ne sera iamais si lasche
que de leur vouloir complaire, ne mon courage si bas que de les craindre,
& quant au Theatre François chacun sçait s'il m'est redeuable, ou non. Vne présomptueuse vanité ne m'emportera pas
aussi à dire, qu'entre cinq cens Poëmes Dramatiques, tout
marche d'vn pas égal, le cours de la vie humaine y contre-
dit, ioint que ma fortune se peut aparier l'embléme d'Alciat, où

Graec. B. 3999«. An diesem Fehler ist wohl ein englischer Bibliothekar oder Buchhändler schuld, da sich auf dem letzten Deckblatt ein altes gedrucktes Zettelchen mit der Inschrift »Treagene et Cariclee. of Heliodore« findet.

In der Pariser Nationalbibliothek finden sich alle sechs Bände. Band I und II in erster Ausgabe, »Théagène & Cariclée« in beiden Ausgaben. Die Arsenalbibliothek hat, scheint es, nur den ersten Band des Théâtre und zwar in erster Ausgabe, ebenso wie München.

In der Stadtbibliothek zu Bordeaux finden sich der dritte und der fünfte Band des Théâtre. In London sind im Brittischen Museum alle sechs Bände vorhanden [1]), während die Bibliotheken Oxfords überhaupt nichts von Hardy besitzen.

Durch den von Prof. Stengel besorgten Neudruck von Hardys »Théâtre«, von welchem bisher Band III und IV erschienen sind (Marburg 1883. N. G. Elwertsche Verlagsbuch-

---

les [3] fers de la pauureté empêchent l'esprit de voler dans les Cieux. Il me sufit assez, que parmy ce nombre incroyable, le bien emporte le mal, & que cette telle quelle vigueur de Genie, aprés trente ans ne reçoiue aucune diminution, plus prest que iamais de prester le collet à ceux qui en douteront. Ie sçay bien que beaucoup de ces frelons, qui ne seruent qu'à manger le miel, incapables d'en faire, troueront à censurer, sur ce qu'autres deuant moy, n'ont enchainé tels Poëmes à vne suite directement contraire aux loix qu'Horace prescrit en son art Poëtique; mais que ceux-là se representent, que tout ce qu'aprouue l'vsage, & qui plait au public deuient plus que legitime; car qu'est-ce aussy de l'Eneide, qu'vn Poeme continué, où les personages s'introduisent tour à tour? & sauf la distinction des Scenes, tout semblable a celuy-cy, qui pourtant ne le suit que de loin, & ne voudroy ofencer ce diuin chef-d'œuure d'vne profane comparaison. Telles excuses superflues, il me sufit (MONSIEVR) si ce petit ouurage vous plait qui me tenez le lieu, qu'vn [4] ancien disoit de Platon, votre aneu luy parc les coups de la médisance, & enfle le courage de l'Auteur, pour témoigner vn iour en quelqu'autre mieux étofé que ie suis, MONSIEVR, Votre plus humble, redeuable, & afectioné seruiteur, A HARDY.«

1) Band I in zweiter, Band II in erster Ausgabe. »Théagène & Cariclée« in erster Ausgabe.

handlung; Paris, H. le Soudier.) und Band I, II und V demnächst erscheinen, wird es nun aber auch weiteren Kreisen möglich gemacht, den Dichter kennen zu lernen und ihm eine gerechtere Würdigung zu teil werden zu lassen ¹).

Ich selbst konnte bei Abfassung meiner Arbeit nur die vier Bände des Dresdener Exemplars und eine von meinem Bruder in Bordeaux angefertigte Abschrift der Pastorale des fünften Bandes »L'Amour victorieux ou vengé« benutzen, erst später wurden mir der ganze fünfte Band und das Dresdener Exemplar von Hardys »Théagène & Cariclée« zugänglich.

3] In höchst dankenswerther Weise beschäftigte sich mit Hardy schon eine Leipziger Dissertation vom Jahre 1880 (E. Lombard, »Etude sur Alexandre Hardy«, vollständiger abgedruckt in der Zeitschrift für neufr. Spr. u. Litt. Band I und II).

Lombards Hauptverdienst besteht in einer genaueren Datierung der Stücke und einem Nachweise der Unrichtigkeit der Zahlenangaben der Gebrüder Parfaict. Trotzdem könnte man geneigt sein, die von ihm (Seite 24) aufgestellte Behauptung »Il est sûr que Corine a été écrite en 1614« anzuzweifeln, denn in der dafür herangezogenen Stelle (Hardy »Théâtre« Bd. III, Seite 9, Zeile 33) heisst es, wie auch Lombard richtig citiert: »il y a plus de douze ans«. Ob mit diesem nicht hinwegzuleugnenden »plus« nur einige Monate, oder aber einige Jahre gemeint sind, wage ich wenigstens nicht zu entscheiden, neige aber sehr zu der letzteren Ansicht. Hierzu kommt noch folgender Umstand: Das Extraict du Priuilege du Roy (Bd. III, Seite 265, Zeile 23) trägt das Datum vom 28. Mai 1625 und darunter steht: Acheué d'imprimer le 20. Decembre, 1625. Wir erhalten somit als späteste Abfassungszeit von »Corine« das Jahr 1613.

Lombard spricht auch auf Seite 13 über das Verhältnis, in welchem Corneille zu Hardy steht. Er sagt:

---

1) Ich werde im folgenden durchweg nach der Zeilenzählung des Neudrucks citieren.

»Je crois pouvoir affirmer que notre grand Corneille n'a eu d'autre maître, d'autre premier modèle qu'Alexandre Hardy; que c'est à Hardy seul, comme imprimant une impulsion première et décisive, que nous devons Horace et Cinna, que nous devrions très probablement un théâtre bien plus national encore, sans la funeste influence de nos critiques du 17e siècle. En effet, faisant un abrégé de l'histoire du théâtre du Marais, Chappuzeau (Théâtre Français, liv. III, p. 189 et suiv.) nous dit: »Cette troupe alloit quelquefois passer l'été à Rouen, étant bien aise de donner cette satisfaction à une des premières villes du Royaume...« Ceci nous explique comment il se fait que le tome IV du théâtre de Hardy parut précisément à Rouen, chez David du Petit Val. Si nous rapprochons de cette coïncidence les paroles de Corneille, qui parlant de Mélite, nous dit: »Cette pièce fut mon coup d'essai et elle n'a garde d'être dans les règles, puisque je ne savais pas alors qu'il y en eût. Je n'avais pour guide qu'vn peu de sens commun, avec les exemples de feu Hardy«, nous pourrons conclure que c'est bien du temps de Hardy que le Marais allait quelquefois passer l'été à Rouen. C'est alors que notre poète fut le seul maître de l'auteur du Cid, que ce dernier l'étudia, assista assidûment aux représentations de ses pièces, tâcha de pénétrer son génie et sa manière, s'efforçant de l'imiter, de l'égaler; et ajoutant aux préceptes du vieux dramaturge les sublimes inspirations qu'il puisait dans son génie. Ce ne sont pas là de simples conjectures. Du reste, une lecture attentive et soutenue des ouvrages, et surtout des cinq pastorales de Hardy, suivie d'une analyse exacte de Mélite, suffirait pour nous prouver clairement que Corneille est l'élève et l'émule de Hardy. Les bergères de celui-ci, ce sont les deux héroïnes de celui-là, Mélite et Cloris; les deux bergers, Eraste et Tircis; le satyre, c'est Philandre. L'intrigue, les poursuites amoureuses, les rebuffades sont de même nature. On reconnaît le maître à tout bout de champ, et dans le dialogue, et dans l'économie de l'action; seulement, la pièce de Hardy s'appelle pastorale, se passe en Arcadie au milieu des dryades et des faunes, et sous l'égide de Venus et de Cupidon, tandis que celle de Corneille est une comédie qui se passe dans une grande ville de France, sous le règne de Louis XIII.«

4] Die in dieser Stelle ausgesprochenen Ansichten auf ihre Richtigkeit zu prüfen, soll nun der Zweck vorliegender Arbeit sein, und beabsichtige ich speciell dem Einflusse Hardys auf P. Corneille [1]) des weiteren nachzuspüren.

5] Das von Lombard angeführte Zeugnis Corneilles aus seinem »Examen« zur »Mélite« fällt um so mehr ins Gewicht, als jenes »Examen«, ebenso wie die zu seinen übrigen Stücken, erst 1660 von ihm verfasst wurde, als er als Verfasser des Cid sicher sein konnte seinen Ruhm dadurch nicht zu schmälern, dass er Hardys Einfluss auf sein erstes Jugendwerk anerkannte. Der

---

1) Ich citiere nach der Ausgabe von Corneilles Werken, welche Marty-Laveaux in der von Ad. Regnier herausgegebenen Sammlung »Les Grands Ecrivains de la France«, Paris 1862, besorgt hat.

Umstand, dass sich der greise Dichter eines solchen Einflusses noch wohl zu entsinnen weiss, verstärkt noch die Bedeutung dieser Äusserung. Indess müssen wir die von Lombard angeführte Stelle aus dem »Examen« zu »Mélite« noch weiter citieren. Es heisst da (I, 137): »Je n'avois pour guide qu'un peu de sens commun, avec les exemples de feu [M.] Hardy, dont la veine étoit plus féconde que polie et de quelques modernes qui commençoient à se produire, et [qui] n'étoient pas plus réguliers que lui.« Wir finden also hier eine scharfe Kritik der Hardyschen Muse. Ferner sehen wir, dass Hardy nicht sein einziges Muster bildete. Unter diesen »Neueren« haben wir wohl besonders an Rotrou und Mairet zu denken. Der Vorwurf der Regellosigkeit, den Corneille allen seinen Vorbildern macht, bezieht sich auf die Nichtbeobachtung der drei Einheiten. Wir dürfen aber nicht vergessen, dass Corneille dieses Examen erst 1660 schrieb, also in jener Zeit, wo er sich zu den Einheitsregeln völlig bekehrt hatte. Es ist damit also nicht gesagt, dass er in seiner Jugendzeit auf diese Männer nicht mit grosser Hochachtung blickte.

6] Wir wollen nun im folgenden zunächst einen ausführlichen Vergleich anstellen zwischen der »Mélite« und den fünf Hardyschen Pastoralen »Alphée«, »Alcée«, »Corine«, »L'Amour victorieux« und »Le Triomphe d'Amour«. Auf die sicher vorhandenen Beziehungen Rotrouscher Stücke zu »Mélite« wird dabei nur gelegentlich hingewiesen werden, indem es einer besonderen Untersuchung vorbehalten bleiben muss, den Einfluss Mairets und Rotrous auf Corneille ausführlich darzulegen.

7] Hardy spricht sich über diese Dichtungsart des näheren in der Préface zum dritten Bande aus (S. 17, Zeile 10—

»L'inuention donc de ce Poeme est dûe à la galantise Italienne, qui nous en donna le premier modelle; ses principaux; & plus célèbres Auteurs sont Tasse, Guarini, & autres sublimes esprits, qui ont choisi le vers de dix à onze, conformes aux Scazontes des Latins, pour mieux exprimer telles innocentes Amours, & accommoder le language à la chose. Ce sont les Docteurs du pays Latin, sous lesquels i'ay pris mes licences, & que i'estime plus que tous les rimeurs d'aujourdhuy : croire au surplus quelque grand miracle d'écrire vne Pastorale en vers Alexandrins, seulement, attendu que leur longueur déuelope mieux les conceptions du Poete, & a plus de facilité.«

Hardy beruft sich hier also auf italienische Vorbilder, denen zufolge er auch den Zehnsilbner in seinen Pastoralen anwendet. Nur einmal finden wir (»Corine« Vers 855—58) vier kreuzreimige Alexandriner, durch die ein feierliches Orakel sehr angemessen zum Ausdruck gebracht wird.

Corneilles »Mélite« ist nun allerdings in Alexandrinern geschrieben, doch führt es auch nicht den Titel einer Pastorale, sondern wird in der ersten Ausgabe als »pièce comique« bezeichnet (Ed. Marty-Laveaux I, S. 133). Seinem Charakter nach ist das Stück aber eine Pastorale, wie es denn auch Ebert (Entwicklungsgeschichte der französischen Tragödie, Gotha 1856, S. 207) treffend als »Pastoralkomödie« bezeichnet.

8] Die fünf Pastoralen Hardys finden wir am Ende eines jeden der fünf Bände seines »Théâtre«. Es scheint mir dadurch schon äusserlich die Dichtungsart als eine dem komischen Genre am nächsten stehende gekennzeichnet werden zu sollen, denn jeder Band beginnt mit einer oder mehreren tragédies, dann folgen tragi-comédies und den Schluss bildet je eine pastorale. Die grosse Bedeutung Hardys auf dem Gebiete des Schäferdramas ersieht man leicht aus Saint-Marc Girardins »Cours de Littérature dramatique«, Paris 1853—68, 8°, wo wir in der Note zum 47. Kapitel Bd. III, S. 413 eine chronologische Liste der dramatischen Pastoralen finden[1]).

9] Was nun die Hauptintrigue in Hardys Pastoralen anbetrifft, so versucht in »Alphée« die alte Zauberin Corine, in Daphnis verliebt, dessen Liebesverhältnis mit Alphée zu stören. In der »Alcée« ist es Dorilas, der in ähnlicher Weise Alcée, die Verlobte des Democle zu gewinnen trachtet. Im »Triomphe d'Amour« ist es wiederum das feste gegenseitige Liebesverhältnis zwischen Clitie und Cephée, welches Atys zu lösen sich bemüht.

Diesen selben Zug finden wir nun auch in Corneilles »Mélite« wieder, gewissermassen verschärft, indem Eraste, durch

---

1) Eine Specialuntersuchung der französischen Pastoraldramen wird demnächst als Heidelberger Dissertation von Dr. Gustav Weinberg veröffentlicht werden.

Anstiftung einer einzigen Intrigue nicht nur Tircis mit Mélite, sondern gleichzeitig die Schwester seines Nebenbuhlers mit ihrem Bräutigam Philandre zu entzweien trachtet.

10] Die Art der Ausführung des Planes ist freilich bei beiden Dichtern eine verschiedene. Bei Hardy steckt sich in allen drei Fällen der (oder die) Eifersüchtige hinter den Vater des geliebten Gegenstandes, in »Mélite« kommen Väter garnicht vor.

11] Der Schlussact kommt in allen fünf Hardyschen Pastoralen dadurch zustande, dass Cupidon, manchmal noch in Begleitung seiner Mutter Venus, als wahrer »deus ex machina« erscheint und die Sachen wieder in Ordnung bringt, indem die ausdauernde Liebe belohnt wird, und der Intrigant ebenfalls eine, wie Hardy es nennt, »moitié« zugewiesen erhält.

So in »Alcée«, wo Dorilas die bis dahin verschmähte Cydippe, so im »Triomphe d'Amour«, wo Atys die Aegine bekommt. Ja, selbst die alte Zauberin Corine geht in »Alphée« nicht leer aus, sondern heiratet Isandre, den Vater ihrer glücklichen Nebenbuhlerin.

In ganz derselben Weise, nur ohne das persönliche Eingreifen von Cupidon, wird bei Corneille Eraste für seine Ränke, nach gethaner Busse, durch die Hand der Cloris belohnt. Est ist die Wiederkehr dieses Zuges hier um so auffallender, als Philandre, der hierdurch verdrängte Liebhaber, der einzige bleibt, der in einer Weise, die manchem hart erscheinen mag, bestraft wird. Doch finden wir auch für ihn bei Hardy ein Analogon, indem hier der Satyre meist ein gleiches Schicksal erleidet. So in »Alphée«, wo er sowohl von Corine, als der Dryade mit seinen Anträgen abgewiesen wird. Doch erscheint seine Bestrafung gerechter, da sein Vergehen grobe Sinnlichkeit und nicht, wie bei Philandre, Unbeständigkeit ist.

Auch kleinere Züge kehren bei beiden Dichtern wieder: 12] So die selten fehlende Absicht des Liebhabers sich das Leben zu nehmen, wenn er in Verzweiflung gerät. So Daphnis (»Alphée« III, 3), der aber dann statt dessen an Corine Rache zu nehmen geht; so Democle (»Alcée« II, 3. Vers 773), der an der Ausführung durch Cupidon (Akt III, Sc. 2) gehindert wird; so im »Triomphe d'Amour«, wo sogar die zarte Aegine nicht davor zurückschreckt und (Akt V, Scene 1) nur durch Philire gerettet wird, ebenso sagt Lycine (»L'Amour victorieux« Vers 763): »Il conuient donc me resoudre à mourir.«

Ebenso benimmt sich Tircis, als er an Mélites Liebe verzweifelt (»Mélite« Akt III, Scene 3) und lässt sich von seiner Absicht durch seine Schwester Cloris (Scene 4) nicht abbringen, sondern bleibt (Vers 978) bei seinem:

> Adieu: rien que la mort ne peut me secourir.

Worauf Cloris erwidert:

> Mon frère . . Il s'est sauvé; son désespoir l'emporte.
> Me préserve le ciel d'en user de la sorte!

Und tröstet sich sodann in einem langen Monologe über ihr eigenes verlorenes Liebesglück, statt ihrem Bruder nachzueilen, um ihn am Selbstmorde zu verhindern.

13] Ein anderer häufig wiederkehrender Zug ist die Vertröstung des verschmähten Liebhabers auf andere Liebschaft.

So z. B. bei Hardy »Aristoclée« 30:

> Trouuons, trouuons icy quelque nymphe jolie;

Oder »Aristoclée« 894:

> Choisi dans Aliarte, à ta flame amoureuse
> Quelque chaste beauté qui soit moins rigoureuse.

So auch bei Corneille »Mélite« 958:

> Assez d'autres objets y sauront te ravir.
> Ne t'inquiète point pour une écervelée.

Oder »L'Illusion« 1033:

> De deux amants parfaits dont vous éties servie,
> L'un doit mourir demain, l'autre est déjà sans vie:
> Sans plus perdre de temps à souspirer pour eux,
> Il en faut trouver un qui les vaille tous deux.

14] Mancher Zug in »Mélite« ist freilich Hardy völlig fremd, findet sich wenigstens nicht in den uns von ihm gedruckt hinterlassenen 41 Stücken, welche immerhin nur einen sehr geringen Bruchteil der Erzeugnisse seiner so überaus fruchtbaren Muse bilden. Ich habe hierbei den Wahnsinn im Auge, in den Eraste aus Reue über das durch seine Ränke angestiftete Unglück verfällt.

Man geht hier wohl kaum fehl, wenn man das Muster hierfür
in Jean Rotrous »L'Hypocondriaque«, dessen 1618 aufgeführtem
Erstlingswerke sucht. Da findet sich nämlich ganz dieselbe Art
von Geistesstörung. Bei Rotrou wähnt sich Cloridan gestorben
und erblickt in seinen ihm begegnenden Mitmenschen lauter
abgeschiedene Seelen in der Unterwelt, bei Corneille dagegen
bildet Eraste sich ein als einzig lebender Sterblicher in den
Tartarus gedrungen zu sein. Cloridan droht:
>Si dans peu je n'apprends où Perside repose,
Ces deux bras, animés d'un généreux effort,
Iront meurtrir Cerbère, et désarmer la Mort,
Etouffer pour jamais la puissance des Parques.
(Jean Rotrou: Oeuvres. 5 vol. Paris 1820. S. 74.)

Vergleichen wir damit Erastes Worte:
>J'irai du fond d'enfer dégager les Titans,
Et si Pluton s'oppose à ce que je prétends,
Passant dessus le ventre à sa troupe mutine,
J'irai d'entre ses bras enlever Proserpine.
(Corneille: »Mélite« Vers 1401—1405.¹)

Die Heilung geht bei Rotrou ziemlich künstlich vor sich,
nämlich durch Eingehen auf die fixe Idee des Gemütskranken.
In »Mélite« kommt Eraste wieder von selbst zu Sinnen, als er
sieht, dass seine Opfer noch am Leben sind. Eine grosse Ähnlichkeit der beiden Arten von Wahnsinn ist aber garnicht zu
verkennen. Dass allen beiden Dichtern vielleicht Hardy als Vor-
bild gedient haben mag, ist nicht so ohne weiteres zu bestreiten,
obwohl es zu gewagt sein würde, dieses aus dem Vorhandensein
des Titels eines Hardyschen nicht erhaltenen Stückes »La Folie
de Clidament« (vgl. Lotheissen, Gesch. der franz. Lit. II, 380)
schliessen zu wollen.

15] Wenn wir nun die späteren Stücke Corneilles ins Auge
fassen, so müssen wir allerdings zugeben, dass sich ein direkter
Einfluss Hardys wohl kaum mehr in denselben bemerken lässt,
jedenfalls nicht in stofflicher Hinsicht. »Clitandre« zeigt allerdings noch deutlich die Manier Hardys, indessen lassen sich
greifbare Beweise dafür nicht so leicht beibringen. Wir thun
daher wohl besser die folgenden Stücke Corneilles einer

---

1) Vgl. die Note von Marty-Laveaux zu dieser Stelle (S. 227).

Gesamtbetrachtung zu unterziehen und wollen dieselbe in folgender Weise anstellen.
1. Charakterzeichnung.
2. Personennamen.
3. Inscenierung.
4. Ton der Unterhaltung.
5. Hervorstechende stilistische Eigenthümlichkeiten.

1. Charakterzeichnung.

16] Die Charakterzeichnung der einzelnen Personen ist in den ersten Stücken Corneilles eine ebenso matte, beinahe garnicht vorhandene, wie die Hardys. So passiert es zum Beispiel Lombard, dass er bei Inhaltswiedergabe der »Corine« (Zeitschr. f. neufr. Spr. u. Litt. I, 389) zum Schluss die beiden Paare falsch zusammenbringt, ein Irrtum, der bei so wenig ausgesprochener Charakteristik der vier Liebenden selbst nach einer »lecture attentive et soutenue« sehr leicht vorkommen kann. Derselbe Fehler findet sich übrigens schon im Argument (III, 472, Zeile 25).

17] Marty-Laveaux (II, 423) hat in der Figur des komischen Helden Matamore in Corneilles »L'Illusion« dessen Vorstudie zu Don Rodrigue zu finden geglaubt und wohl mit Recht, da sich hier schon das Pathos zeigt, das später veredelt im »Cid« erscheint. Sehr bekannt ist wohl die Stelle aus der zweiten Scene des zweiten Aktes (Vers 233—36):

> Le seul bruit de mon nom renverse les murailles,
> Défait les escadrons et gagne les batailles.
> Mon courage invaincu contre les empereurs
> N'arme que la moitié de ses moindres fureurs.

Wer wird nicht unwillkürlich an diese Stelle erinnert, wenn er bei Hardy Encelade, einen der Giganten, sprechen hört:

> Ma dextre suffiroit, ouy le seul Encelade
> Hardy peut emporter l'Olympe d'escalade,
> Son farouche regard met en fuite les Dieux,
> Et ne pretends borner mon empire des Cieux,
>   (»Gigantomachie« 197-200.)

Ist das nicht dieselbe Heldensprache? Freilich wirkt der in der Hardyschen Tragödie herrschende Ton auf uns heute manchmal eher komisch, doch war er vom Dichter natürlich völlig ernst gemeint.

In der 1613, also ein Jahr nach Hardys »Gigantomachie« verfassten »Grande Pastorelle« von Chrestien de Croix erscheint ebenfalls eine solche komische Heldengestalt, der Capitaine Briarée. Dieser Name ist übrigens auch der eines andern Giganten bei Hardy, so dass ein Einfluss hier vielleicht vorliegt. Der Briarée bei Chrestien de Croix sagt:

> Ie peux tout seul autant que tous les preux,
> Et rien ne peut m'égaler que les dieux.
> Encor mon bras les feroit bien descendre.
> De leur pourpris, si ie veux l'entreprendre
> Et cependant,, parmi cette vertu
> Ie sens mon cœur d'vn bel œil combattu.

Ähnliche pathetische Stellen begegnen auch sonst noch sehr häufig bei Hardy. Um nur noch ein Beispiel anzuführen, so sagt Tigrapate:

> Le jour me defaudroit si vanteur ie voulois,
> Inuincible nombrer mes belliqueux exploits,
> L'vniuers effroyé ne bruit que mes loüanges,
> Mille Autels erigez chez les peuples estranges,
> Et quiconque croira qu'on te puisse assortir
> Vn Gendre plus puissant, ie le feray mentir.
> (»Arsacome« 105—120.)

In ähnlicher Weise entgegnet ihm Adimache (Vers 131 u. ff.), wie überhaupt dieses Stück fast durchgängig eine Sprache zeigt, die Corneilles nicht unwürdig wäre.

2. Personennamen.

18] Wenn wir die Personennamen in den Stücken unsrer Dichter betrachten, so finden wir folgende, die bei beiden vorkommen:

Bei Hardy:	Bei Corneille:
1) Agésilas: Nebenperson. »Scédase«.	Titelrolle.
2) Amynthe: Nebenperson. »Phraarte«.	a) Stumme Person. »Théodore«. b) ami d'Exupère. »Heraclius«.
3) Araspe: Capitaine de Cyrus. »Panthée«.	Capitaine des gardes de Prusias. »Nicomède«.
4) Arcas: Berger amant. »Corine«.	Freigelassener des Aristius, Bruder des Aristie. »Sertorius«.

Bei Hardy:	Bei Corneille:
5) Caliste: Berger amant. »Corine«.	Liebhaberin. »Clitandre«.
6) Célie: Liebhaberin. »Felismène«.	Alte Person. »La Suivante«.
7) Cephée: Berger amant. »Triomphe d'Amour«.	Roi d'Etiopie. »Andromède«.
8) Cydippe: Liebhaberin. »Alcée«.	a) Néréide. »Andromède«. b) Sœur de Psyché. »Psyché«.
9) Cléon: Nebenperson. »Dorise«.	a) Gentilhomme. »Clitandre«. b) Orateur grec. »Agésilas«. c) Domestique. »La Suivante«. d) Domestique. »Polyeucte«.
10) Damon: Nebenperson. »Alcée«	Ami de Florame et de Florante. »La Suivante«.
11) Daphnis: Berger amant. »Alphée«.	Liebhaberin. »La Suivante«.
12) Dorise: Titelrolle.	Liebhaberin. »Clitandre«.
13) Evandre: Nebenperson. »Scédase«.	Nebenperson. »Cinna«.
14) Felix: Liebhaber. »Félismène«.	Senateur romain. »Polyeucte«.
15) Fernande: a) Nebenperson. »Félismène«, b) Nebenperson. »La Force du Sang«.	Premier roi de Castille. »Le Cid«.
16) Iphicrate: Alter Diener. »Scédase«.	Vieillard de Corinthe. »Oedipe«.
17) Leonore: Mutter. »La Force du Sang«.	a) Gouvernante de l'Infante. »Le Cid«. b) Reine d'Aragon. »Don Sanche d'Aragon.«
18) Lucrèce: Titelrolle.	Amie de Clarisse. »Le Menteur«.
19) Mélice: Schäferin. »Triomphe d'Amour«.	Liebhaberin. »Suite du Menteur«.
20) Mélite: Liebhaberin. »Corine«.	Titelrolle.
21) Oronte: Nebenperson. »Théagène & Chariclée«.	Ambassadeur. »Rodogune«.
22) Philippe: a) Arzt Alexanders. »Alexandre«. b) König von Makedonien. »Phraarte«.	Freigelassner des Pompejus. »Pompée«.
23) Don Sancho: a) Span. Edelmann. »Félismène«. b) Desgleichen. »La belle Egyptienne«.	a) Spanischer Edelmann. »Le Cid«. b) Titelrolle. »Don Sanche d'Aragon.«
24) Stephanie: a) Esclave chrétienne. »Elmire«. b) Mutter. »La Force du Sang«.	Confidente. »Théodore«.

Die Möglichkeit einer Entlehnung ist wohl aus historischen Gründen bei 1, 15, 23 völlig ausgeschlossen. Bei 17, 18, 24 liesse sie sich auf die Gemeinsamkeit spanischer Quellen zurückführen. Bei 5 und 11¹) würde der Geschlechtswechsel nicht gerade völlig gegen eine Entlehnung sprechen, macht solche aber unwahrscheinlich. Mit voller Bestimmtheit ist eine Entlehnung wohl nirgends nachweisbar²), besonders wahrscheinlich wohl noch bei Dorise, da dieser Name bei Hardy als Titel des Stücks auftritt, bei den andern Zeitgenossen nur sehr selten, und in Rotrous »Amelie« erst später (1638) begegnet. Ferner bei Mélite, einem ebenfalls sehr selten aufstossenden Namen, der wohl nur in Rotrous »Bague de l'oublie«, d. h. nicht vor 1631, also jedenfalls nach Corneilles 1629 aufgeführter »Mélite« wiederum vorkommt³).

3. Inscenierung.

19] Was die Corneilleschen Stücke in Bezug auf ihre Inscenierung anbelangt, so muss man bedenken, dass »Mélite« und »Clitandre« nachweislich von Mondory zuerst auf der Bühne des Marais gegeben wurden, also desjenigen Theaters, dessen angestellter Bühnendichter kein anderer als Alexandre Hardy gewesen war, dass sie also dort vielleicht noch abwechselnd mit Hardyschen Stücken aufgeführt wurden.

Ebert (»Entwicklungsgeschichte der französischen Tragödie« Seite 218) sagt: »Am Schlusse dieser merkwürdigen Vorrede (zu »Clitandre«) behandelt unser Dichter die Einheit des Orts. Man ersieht auch hier wieder, wie sehr dieselbe noch, wie von Anfang, in dem Hintergrund steht: sie wird von Corneille ganz en bagatelle behandelt. ‚Übrigens überlasse ich den Ort der Scene der Wahl des Lesers‘, sagt er naiv: nur sei ein Königsschloss und dicht dabei ein Wald nöthig. Man weiss aber in

---

1) In Tullins »La prodigieuse reconnaissance de Daphnis & de Cloris« (gedr. 1628) begegnet der Name Daphnis ebenfalls männlich wie bei Hardy.

2) Bei 8 lag wohl de Baussais' Pastorale »Cydippe« 1633 oder Jean Ogier de Gombaud's »Oydippe & Acouce« 1631 näher.

3) Vgl. die Vorrede von Marty-Laveaux Bd. I, S. 125 ff.

der That beim Lesen des Stücks selten, wann man sich im Schloss, wann im Walde befindet.«

Es erklärt sich aber diese Auffassung Corneilles als eine ganz natürliche, wenn man die damaligen Bühnenverhältnisse sich vor Augen stellt. Man hat sich nämlich die Vorgänge der einzelnen Scenen, wie das Lotheissen (»Gesch. d. franz. Lit. im 17. Jahrhundert« Bd. II, 380 u. ff.) darstellt, als auf der Bühne nebeneinander gruppiert vorzustellen. Die Bühne, auf der »Clitandre« gespielt wurde, zeigte also gleichzeitig ein Königsschloss und dicht dabei einen Wald, und das Alles auf einem sehr kleinen Raume.

Wenn zum Beispiel am Ende des vierten Aktes der Prinz nach seinem Jagdross verlangt, um ins Schloss zu eilen, das tatsächlich vier Schritt von ihm entfernt liegt, wenn Lycaste atemlos gelaufen kommt (Vers 161) u. s. w., so brauchen wir solche Stellen keineswegs als sichere Beweise für einen vollständigen Scenenwechsel anzusehn, sondern dürfen hierin nur ein, freilich sehr naives, Mittel erblicken, die Entfernung dem Zuschauer zu verdeutlichen.

Ich finde übrigens, dass hierbei der Anspruch, den man an die Vorstellungskraft des Zuschauers machte, kaum ein viel grösserer ist, als der, den man an ein modernes Publikum stellt, wenn es in Schillers »Wilhelm Tell« die Scene der Erschiessung des Landvogtes sieht, wobei die Schusslinie, selbst auf den grössten Bühnen, eine der Natur doch keineswegs ensprechende ist. Und das ist nun gar eine gleichzeitig vor sich gehende Handlung. Trotzdem wird es vielleicht Manchen geben, dem das noch nie aufgefallen ist. — Dem französischen Publikum des siebzehnten Jahrhunderts ging es bei seiner noch viel naiveren Auffassung ganz ebenso.

Wollte man freilich »Clitandre« mit Scenenwechsel aufführen, so würde man, bei knappster Einschränkung noch immer neun verschiedene Dekorationen brauchen, und würde

sich die Aufführung, wenn wir die Dekorationen mit A, B, C
u. s. w. bezeichnen, etwa folgendermassen gestalten:

```
Akt I   Scene 1—4  A
 „  „     „   5—6  B
 „  „     „    7   C
 „  „     „   8—9  D
 „  II    „   1—2  B
 „  „     „   3—8  D
 „  III   „   1—2  E
 „  „     „   3—4  F
 „  „     „    5   B oder C
 „  IV    „   1—5  B
 „  „     „   6—7  F
 „  „     „    8   B
 „  V     „    1   G
 „  „     „   2—3  H
 „  „     „   4—5  A
```

Die Dekorationen wären dann folgende:

A. Vor der Thür des Schlosses (Vers 46 u. 1335).
B. Stelle im Walde mit einer Grotte.
C. Platz im Freien oder am Waldesrande (Vers 186).
D. Andere Stelle im Walde.
E. Im Schloss (Vers 690, 778, 783).
F. Gefängnis im Schloss (Vers 847).
G. Vor dem Schloss. Richtplatz?
H. Zimmer Rosidors im Schloss.

20] Um nun Hardys Theatertechnik zu erläutern, wähle ich als Beispiel seine »Corine«. Nicht etwa, weil es eins seiner regelmässigsten Stücke ist, sondern weil es eins von denen ist, dessen Fabel er selbst erfunden hat (vgl. Hardy »Preface« zu Bd. III, Seite 18; Neudruck Bd. III, S. 9, Zeile 29—30), und man deshalb besser seine eigene Technik daran ersehen kann, als an andern Stücken, zu denen er den Stoff irgend einem andern Schriftsteller entlehnt hat, in welchem Falle er gewöhnlich sich knechtisch an die Überlieferung hält und seinem Vorbilde, einem Roman, oder einer Novelle, ohne Änderungen des Schauplatzes folgt, ohne dass er es einsieht, dass sich der Stoff oft garnicht zu dramatischer Behandlung eignet.

Betrachten wir also »Corine« so finden wir, dass die Regel der Zeit vollständig beobachtet ist, wenn wir die vierundzwanzig Stunden von Mittag zu Mittag rechnen. Die Nacht fällt zwischen den dritten und vierten Akt.

Das Spiel geht stets im Freien vor sich, in arkadischen Bergen im Frühling (Vers 5—7). Selbst bei moderner Bühneneinrichtung könnten die ersten beiden Akte aufgeführt werden, ohne dass der Vorhang weder in ihnen, noch zwischen ihnen zu fallen brauchte. Der Schauplatz ist als Landschaft zu denken, worin einige Felsen Gelegenheit geben, sich dahinter zu verstecken.

Der dritte Akt spielt an einer Quelle »au cœur de la forest« (Vers 216). Die Hütte der Merope kann man sich sehr wohl in der Nähe denken, sonst müsste zwischen der ersten und zweiten Scene ein Dekorationswechsel eintreten und ein Rückwechsel zwischen der vierten und der letzten.

Der vierte Akt liesse sich mit der Dekoration des ersten aufführen. Er spielt am nächsten Morgen. Für Scene 3B wäre Änderung nicht nötig, da das Haus des Titire (Vers 722) hinter der Scene liegt. Am Ende dieser Scene beschliessen alle auf der Bühne Befindlichen zu Merope zu gehn, die in Scene 4 auf der Bühne ist. Es würde also hier die Dekoration des dritten Aktes mit Merope's Hütte eintreten müssen. Die ersten beiden Scenen des fünften Aktes spielen im Walde, dann wechselt die Scene zum letzten Mal.

Wir hätten also fünf Scenenwechsel, von denen zwei mitten in den Akt schneiden würden, d. h. wenn wir eine moderne Bühneneinrichtung annehmen. Auf der Hardyschen Bühne ging dagegen wohl garkein Scenenwechsel vor sich.

4. Ton der Unterhaltung.

21] Es ist Corneille von Kritikern häufig der Vorwurf gemacht worden, dass er, zumal in seinen ersten Stücken, die auftretenden Personen in einem allzu familiären Tone mit einander verkehren lässt (»Examen« zu »Clitandre« I, 270, Zeile 4—5). Auch hierin folgte er aber dem Vorgange Hardys; doch ging er darin durchaus nicht so weit wie dieser sein Meister und nahm auch später noch wiederholt säubernde Streichungen in dieser Beziehung vor. So hat er z. B. in der »Mélite« nicht weniger als sieben Stellen (Varianten zu Vers 317, 347, 718, 1100, 1574, 1610, 1669), in denen Küsse oder deren Erwähnung vorkamen, später gestrichen.

Derartige Streichungen in den Hardyschen Stücken vorzunehmen, würde bei der so grossen Zahl von vorkommenden »long baiser humide« (»Corine« 803) schwer durchführbar gewesen sein.

22] Länger hat die Abhängigkeit Corneilles von Hardy in Bezug auf das Duzen der Personen gedauert.

Das Duzen ist bei Hardy keineswegs die Regel, und finden sich häufige Beispiele für die Anrede »vous«.

Um ein Beispiel der Umgangsform in den Tragi-comédies Hardys zu geben, wollen wir eine, die sich durch verwickelte Familienverhältnisse besonders dazu eignet, betrachten.

In »La Force du Sang« gehören die Hauptpersonen dem spanischen Adel an. Es sind die Ehepaare Don Inigue und Leonore, Pizare und Estefanie. Beide Paare nennen sich »Monsieur vous« und »Madame vous«, beide Väter werden vom Diener Francisque mit »Monseigneur« angeredet. Alle vier duzen ihre Kinder und werden von denselben »vous« genannt. (Nur einmal verspricht sich Estefanie ihrer Tochter gegenüber [Vers 1213], wo sie »rendez« sagt, doch könnte da auch ein Druckfehler vorliegen. Weil das nächste Wort konsonantisch anlautet, so steht einer Änderung nichts im Wege, auch fährt sie Vers 1230 wieder duzend fort.)

Dasselbe Verhältnis wiederholt sich in der zweiten Generation zwischen Leocadie und ihrem Söhnchen Ludovic, doch duzt sich das Liebespaar Leocadie und Alphonse. Leocadie wird anfangs von ihrer Schwiegermutter Leonore »vous« genannt, aber nur so lange als sie nicht weiss, dass es ihre Schwiegertochter ist, sobald sie das erfährt, geht sie (Vers 1144) zu dem vertraulichen »tu« über. Leocadie aber bleibt als Schwiegertochter ganz richtig bei ihrem »vous«, und auch Leonore geht später im Beisein der übrigen wieder zum »vous« zurück (Vers 1272).

Wesentlich anders gestaltet sich die Sache in Hardys **antiken Tragödien**. Da herrscht das »tu« vor, z. B. in »Alexandre«, wo selbst der Page den König duzt, wenn er ihn auch (Vers 557) mit »la Majesté, Sire« anredet. Dieselbe Anrede gebraucht auch (Vers 737) seine Gemalin Roxane. Aber trotz des so allgemeinen »tu« finden wir auch hier als Hauptregel: **die Kinder nennen ihre Eltern »vous«**. So sagt (Vers 405) Iolas zu Antipater: »Mon pere, ne craignez....« Ebenso redet Alphée ihren Vater Isandre (»Alphée« 681), Alcée ihren Vater Phedime (»Alcée« 689), Cupidon seine Mutter Venus (»Corine« 888), mit »vous« an.

Nur ein Stück Hardys zeigt durchgängig den Gebrauch der Anrede »tu«, selbst von Kindern den Eltern gegenüber. Es ist dies die »Gigantomachie«. Diese Ausnahme erklärt sich aber leicht dadurch, dass die darin auftretenden Personen sämtlich überirdische Wesen sind. Wenn aber die Götter zur Erde herniedersteigen, so fügen sie sich, wie wir in »Corine« (Vers 888) sehn, menschlichen Gesetzen. In »L'Amour victorieux« nennt Cupidon seine Mutter freilich »tu« (Vers 56), Hardy scheint daher bei Göttern keine genauen Regeln zu beobachten.

23] Was die Anrede der Liebenden anbetrifft, so giebt es vier Möglichkeiten, welche sich auch alle vier durch Beispiele bei Hardy belegen lassen.

1. Gegenseitiges »vous«.
2. Gegenseitiges »tu«.
3. Er sagt »vous«, sie sagt »tu«.
4. Sie sagt »vous«, er sagt »tu«.

Diese Verschiedenartigkeit lässt sich nur erklären, wenn man die **Standes- und Vermögensverhältnisse** in Rechnung zieht, denn sie allein sind es, die hier tonangebend wirken.

Wir finden demnach unter Liebenden gegenseitiges »vous« oder »tu« nur bei gleicher »condition«.

So erklärt es sich, dass z. B. Alcée von ihrem reichen, aber verschmähten Liebhaber sich »tu« nennen lässt und seine Anrede ebenso erwidert, während sie ihren Geliebten, den Knecht und Findling ihres Vaters, Democle zwar auch »tu« nennt, von ihm aber mit »vous« angeredet wird, selbst wenn sie ganz allein sind.

Die Sprache des Herzens wird also durch das »tu« nicht ausgedrückt, andrerseits hindert das »vous« durchaus nicht die Anwendung von Bezeichnungen wie »âme de mon âme« (»Théagène & Cariclée« S. 114) und dergleichen.

Ein höchst charakteristisches Beispiel bildet »Cornélie«, wo sich in der dritten Scene des fünften Aktes zwischen Cornélie und Alphonse folgendes Gespräch entwickelt:

Alphonse: Ma Vie.
Cornelie: Mon Soleil.
Alphonse: Mon penser.
Cornelie: Mon desir.
Alphonse: Ma Charité.
Cornelie: Mon Roy,
Alphonse: Mon vnique plaisir.
    Approche tend les bords de ta leure de rose,
. . . .
1327 Tu face me ressemble vn champ semé de fleurs;
    Quand l'Hyuer a tary ses frilleuses horreurs.
Cornelie: La vostre vn clair fanal, qui sauue du naufrage,

Das lässt sich eben nur verstehen, wenn man bedenkt, dass Alphonse d'Est Herzog von Ferrara ist, seine Geliebte aber Cornelie Bentivole. Ähnliche Stellen finden sich »Felismène« Vers 1587 ff., »Alcée« Vers 1253—54.

Corneille folgt in der antiken Tragödie nicht dem Gebrauch

Hardys, indem bereits in »Médée« das »vous« auftritt. Der König Créon wird von allen »vous« angeredet. Das »tu« kommt aber, wie auch bei Hardy, Untergebenen gegenüber in Anwendung. Von den Hauptpersonen duzt sich das Ehepaar Jason und Médée. Jason und seine neue Geliebte Creusa nennen sich dagegen »vous«. Die Regel, dass die Kinder ihre Eltern mit »vous« anreden, ist auch hier, wie in Corneilles spätern Trauerspielen gewahrt.

Doris nennt ihre Mutter Chrysante »vous« und »Madame« (»La Veuve« 156).

Floridan seinen Vater, den König Alcandre »Seigneur« und »Votre Majesté«, natürlich »vous« (»Clitandre« 1480).

Celidée ihren Vater Pleirante sogar »Monsieur« (»La Galerie« 33).

Hippolyte ihre Mutter Chrysante (»La Galerie« 937).

Daphnis ihren Vater Geraste (»La Suivante« 1044).

In Bezug auf das Verhältnis der Liebenden folgt Corneille dem Gebrauch Hardys. Nur so erklärt es sich, dass im »Cid« Ximène ihren Rodrigue duzt, er dagegen »vous« sagt, sie ist eben die Grafentochter, nur so, dass Don Felix die Félismène »tu« nennt, während sie zu ihm »vous« sagt, nur so, dass Mélite Tircis gegenüber im weitern Verlauf des Stücks zum »tu« greift, er aber bei »vous« bleibt. Das anfängliche »vous« kann man leicht dadurch erklären, dass Tircis ihr soeben erst von Eraste vorgestellt wird, so dass sie noch nicht seine »condition« kennt. Marty-Laveaux sagt in der Einleitung zu seiner Corneilleausgabe (Band XI, Seite XXIV): »On y parle de la condition des personnages, et on les appelle constamment Monsieur, Madame, Seigneur. Corneille cependant a été moins loins dans cette voie que ses prédécesseurs.« Wir wollen diesen Ausspruch dahin beschränken, dass einer seiner »prédécesseurs« ganz ebenso verfährt wie später Corneille selbst und das ist Alexandre Hardy. In seinen Stücken redet man nicht von »condition«, doch machen Stücke, die moderne Stoffe behandeln, natürlich eine Ausnahme, so z. B. »Frégonde« (Vers 55).

5. Hervorstechende stilistische Eigentümlichkeiten.

24] Eine der charakteristischen Stileigentümlichkeiten Hardys ist die Wiederholung. Schon bei Jodelle zeigt sich dieselbe (vgl. Ebert S. 108, Darmesteter, Le XVIs. etc. S. 160). Als Beispiel möge dienen:

>Est-ce ainsi que le Ciel nos fortunes balance!
>Est-ce ainsi qu'un bienfait le bienfait recompense?
>Est-ce ainsi que la foi tient l'amour arresté? (»Didon« II. 1.)

Selbst schon in Milets »Destruction de Troye« findet sie sich, z. B. 2007 ff. und 2416 ff.

Bei Garnier ist die Wiederholung ebenfalls häufig anzutreffen, worauf W. Förster in der Vorrede (Seite VII) seiner Neuausgabe von Garniers Tragödieen (Samml. fr. Neudrucke 3) schon aufmerksam macht. Es würde hier zu weit führen, wollte man alle betreffenden Stellen aufzählen, nur möchte ich erwähnen, dass es mir aufgefallen ist, dass seine Wiederholungen nur selten drei oder mehr Glieder zählen (z. B. »Porcie« 55—57, 89—90, 477—479, 1021—1022, 1103—1110, 1632—34, 1716—17, 1721—23, 1993—1995.), auch gewöhnlich kürzer als die Halbzeile sind und sich nicht so bemerklich machen, indem etwa in der Hälfte derselben der Iktenwechsel mildernd wirkt; z. B. »Les Iuifves« 2007:

>Las qué ferons-nous plus? que ferons-nous plus ores?

Andere Stellen ebenda Vers 1—2, 21—22, 23, 25—26, 43, 44—45, 303—304, 335—336, 356, 369, 382, 447—448, 565, 571—572, 634—635, 663, u. s. w. Oder die Wiederholung wird durch Wortumstellung gemildert, z. B. »Les Iuifves« 2061:

>Plutost fay nous meurtrir, fay-nous meurtrir plutost.

Andere Beispiele »Porcie« 209, 1850; »Cornelie« 299, 303—304, 815—817, 1199. Manchmal wird sie sogar, wenn sehr nahe liegend, vermieden, so:

>Ie vous falue aussi, et vous falue, ô Dieux, (»Porcie« 1025)

ähnlich »Iuifves« 671—672, 765—766; »M. Antoine« 175—176.

Bei Hardy und Corneille zeigt die Wiederholung nur selten dieses Ausselm.

Um nur einige Beispiele für die Wiederholung bei Hardy zu geben, wollen wir die Wiederholung enaus der »Alphée« zusammenstellen:

1194	De ce pasteur des Arcades la gloire :
	De ce pasteur immuable de foy,
	De ce pasteur, qui ne viuoit qu'en moy,
	De ce pasteur, qu'a perdu l'innocence :
63	Donc n'as-tu veu (rustique passetems,)
87	Donc n'as-tu veu les taureaux negliger
91	Donc n'as-tu veu les passereaux mignards
1202	Sur ce rocher qui ne peut plus m'entendre,
	Sur ce rocher de sentiment perclus,
1205	Sur ce rocher qui mon suplice endure,
318	Si que de toy l'ingrate ne fait conte,
	De toy que deust quelque ieune beauté,
321	De toy, qui es des Satyres la gloire.
434	Vien mon pasteur, vien ma seule esperance,
	Vien, mais plutost auiourd'huy, que demain,
	Briser les ceps de ce pere inhumain,
	Ceps, que pour toy renforce le barbare,
	Bien que nos cœurs l'absence ne separe,
	Bien que la honte empêchast mon desir.
1231	Ne m'a le choix de ce gendre permis,
	Choix reprouué des autres ennemis,
	Choix malheureux, incompatible en somme,
1278	Voicy dequoy ta vengeance repaistre,
	Voicy, voicy, qui te vola son cœur,
55	Où te reduit vn vieillard rigoureux,
	Où ton printemps s'écoule malheureux,
	Où l'inhumain traite sa geniture
	Comme ennemy iuré de la nature,
	Comme il feroit les lyons & les ours,
169	Approche-toy, approche-toy fuitiue,
194	Appaise Amour, appaise ta colere,
797	Tant elle siet, tant elle a bonne grace,
1215	O miserable! ô miserable enfant!
615	Adieu ma vie, Adieu chaste beauté,
897	Adieu volage, Adieu n'espere au change
979	Friuole atente, atente de neant,
1155	l'accepte l'offre, accepte le deuoir
706	Auez-vous pû permettre telle iniure :
	Auez-vous pû permettre iustes Dieux,
44	Vne beauté, dans l'ame par les yeux,
	Vne beauté qu'en vain tu tiens voilee
61	Ne souffre plus tel inique seruage
63	Ne souffre plus que ta douce beauté
96	Alph.: Nous approchons le logis desormais,
	Daphn : Nous approchons l'eclipse redoutee
130	Crainte toujours que ce desastre arriue,
	Crainte toujours de le voir préuenir

```
 199  De ces beautez orgueilleuses d'auoir
 201  De ces beautez que l'âge fauorise.
 261  Ie la voyoy rire dé-ja dans l'âme,
      Dé-ja s'éprendre aux rayons de ma flâme,
      Ia la voyoy se plaire à ce present,
 364  Perte, qu'encor l'impitoyable rit,
      Perte, qu'encor ie pleure à chaudes larmes,
 489  Cor.: Apren de moy, rude, & simple nouice,
 493  Daphn.: Apren de moy, que l'afection vraye
 513  Cor.: Garde qu'en fin ta rogue felonie
 515  Daphn.: Garde qu'en fin redoublant mon courous,
 533  Tu ne sçaurois échaper ma vengeance
 535  Tu ne sçaurois, tygre au visage humain,
 564  L'Hymen offert, caution de sa peur,
      L'Hymen offert, en bonne conscience,
 711  Daphnis trompeur, & perfide, ne croy,
 713  Daphnis trompeur! homme qui vive au monde
 837  La verité peut naitre du mensonge,
      La verité luit à trauers ce songe,
 869  Apres auoir (cruelle perfidie!)
 871  Apres auoir temeraire indiscret,
 956  Sat.: Vne faueur pareille receuoir?
      Cor.: Vne faueur marque de ta folie.
1016  Ne la contraigne à dire verité,
      Ne la contraigne à t'ôter de scrupule,
1177  Cela ne sent que l'illusion pure
1179  Cela ne sent aucune illusion,
1657  Il me sufit, que la recognoissance
1659  Il me sufit, que ton afection
 191  Tous mes plaisirs ne pendent limitez,
      Tous mes desirs que de vos volontez.
 422  Vers qui dolente ore ie me retire,
      Vers qui l'amour furieux m'a reduit
 473  Cor.: Veux-tu m'aymer, au cas que ie le treuue,
 475  Daphn.: Veux-tu me croire, & m'obliger aussy?
 583  Puis qu'vn rayon de ce bel Orient
 585  Puis que ma peine heureuse, outre mesure,
 595  O doux oracle, à moy plus precieux,
      A moy plus cher que prouenu des Cieux,
 631  Lisons, helas! a grand peine mes yeux
 633  Lisons, mais bas, car l'importance extréme
1057  La passion charge mon innocence
1059  La passion te fait imaginer,
1356  Mais bien cette Hydre infernale étoufer,
      Mais bien contraindre à remettre en nature
1396  Nymphe à qui doit Venus la primauté
      Nymphe, l'honneur, les delices du monde,
1581  Puis que ta loy d'autorité suprême,
1583  Puis que dé-ja sur l'arriere saison
```

```
150  Excuse donc l'audace fortuite,
     L'audace prise à te l'accompagner,
160  Que c'est à tort l'innocence offenser,
     Que c'est vouloir nourir sa défiance,
1501 Lors du tombeau tu tires l'Arcadie,
     Lors vne plainte aucunement hardie,
```

»Corine« enthält folgende Stellen: 9—10, 38—39, 49—51, 50—52, 147, 171, 292—293, 434—435, 440—441, 471, 517, 534, 536, 538—539, 691—692, 718—719, 837, 839, 971, 973.

Stellen wir die analogen Stellen aus der »Mélite« zusammen, so wären das folgende:

```
 785  Ecoute, j'en ai vu de toutes les façons:
      J'en ai vu qui sembloient n'être que des glaçons,
 789  J'en ai vu, mais beaucoup, qui sous le faux appas
 794  Mais j'en ai vu fort peu de qui les passions
1696  Cl.: Et pour l'amour de vous je n'en ferai que rire.
      M.: Et pour l'amour de moi vous lui pardonnerez.
      Cl.: Et pour l'amour de moi vous m'en dispenserez.
 847  Traître! c'est donc ainsi que ma sœur méprisée
 849  C'est ainsi qu'à sa foi Mélite osant manquer
 851  C'est ainsi que sans honte à mes yeux tu subornes
1637  On en a vu l'effet, lorsque ta fausse mort
1639  On en a vu l'effet, quand te sachant en vie,
1641  On en a vu l'effet, lorsqu'à force de pleurs
 637  L'une en t'aimant s'expose au péril d'un mépris:
      L'autre ne t'aime point que tu n'en sois épris;
      L'une t'aime engagé vers une autre moins belle:
      L'autre se rend sensible à qui n'aime rien qu'elle;
      L'une au deçu des siens te montre son ardeur,
      Et l'autre après leur choix quitte un peu sa froideur;
      L'une . . . .
 162  E.: A pervertir son cours pour me faire un supplice.
      M.: Supplice imaginaire, et qui sent son moqueur.
      E.: Supplice qui déchire et mon âme et mon cœur.
1799  Donnez à leurs souhaits, donnez à leurs prières,
      Donnez à leurs raisons ces faveurs singulières;
1275  Tout ce que je chéris, tout ce qui dans mon âme
1277  Tout ce que l'amitié me rendit précieux,
1279  Dis que j'ai violé les deux lois les plus saintes,
1281  Dis que j'ai corrompu, dis que j'ai suborné,
 725  N'avoir point d'autre soin, n'avoir point d'autre esprit
1014  Ne vaut pas un soupir, ne vaut pas un regret.
1217  A quoi bon démentir? à quoi bon dénier..?
 214  Que dis-tu de l'objet? que dis-tu de ma flamme?
 976  Que ce soient verités, que ce soient impostures,
 871  Reviens, reviens défendre une place usurpée:
```

781	Ph.: Et de cœur? Tircis: Et de cœur,
132	Tant de charmants appas, tant de brillants attraits,
1135	Nour.: Oui, ce n'est que par là qu'on est considérable.
	M.: Mais ce n'est que par là qu'on devient méprisable :
1507	E.: Ce n'est que de vos yeux que part cette lumière.
	N.: Ce n'est que de mes yeux! Dessillez la paupière,
183	M.: Et ne démentir pas le rapport de vos yeux,
185	E.: Le rapport de mes yeux, au dépens de mes larmes,
105	Mais il y faut venir; c'est en vain qu'on recule,
	C'est en vain qu'on refuit, tôt ou tard ou s'y brûle;
1311	Je vous entends, grands Dieux: c'est là-bas que leurs âmes
1313	C'est là-bas qu'à leurs pieds il faut verser mon sang :
737	Tes lettres où sans fard tu dépeins ton esprit,
	Tes lettres où ton cœur est si bien par écrit,
1293	Mais je m'en prend à vous, moi qui suis l'imposteur,
	Moi qui suis de leurs maux le détestable auteur.
189	E.: Voyez que d'un second mon droit se fortifie.
	M.: Voyez que son secours montre qu'il s'en défie.
1525	Désormais donc en vain je les cherche ici-bas;
	En vain pour les trouver je rends tant de combats.
1401	J'irai du fond d'enfer dégager les Titans,
1405	J'irai d'entre ses bras enlever Proserpine.

Nimmt man aber die Varianten von 1633—57 hinzu, so vermehren sich diese Stellen um folgende:

1574	Par ces feux qui voloient de vos yeux dans les miens,
	Par mes flammes jadis si bien récompensées,
	Par ces mains si souvent dans les miennes pressées,
	Par ces chastes baisers qu'un amour vertueux
	Par ce que votre foi me permettoit d'attendre
	(Var. 1633 - 57.)
1289	Vous en relevez donc, et montrez aujourd'hui
1291	Vous en relevez donc, et vos ciseaux barbares
(1293)	Vous en relevez donc, et pour le flatter mieux
	(Var. 1633 - 57.)
1010	Vit-on jamais amant dont la jeune insolence
	Vit-on jamais amant dont l'indiscrétion
	(Var. 1633—57.)
9	Un seul de ses regards l'étouffe et le dissipe,
	Vu seul de ses regards me séduit et me pipe.
	(Var. 1633 - 57.)
1486	Qu'il m'eût bien mieux valu céder à ses furies!
	Qu'il m'eût bien mieux valu souffrir ses barbaries,
	(Var. 1633.)
1	Jamais un pauvre amant ne fut si mal traité,
	Et jamais un amant n'eut tant de fermeté:
	(Var. 1633 - 57).
372	C'est moi qui l'ai conduit et mis en sa puissance;
	C'est moi qui l'engageant à ce froid compliment,
	(Var. 1633—57)
1288	Falloit-il, l'aveuglant d'une indiscrète erreur,
	Falloit-il le forcer à dépeindre Mélite (Var. 1633.)

Wir sehn also, dass Corneille gerade Stellen dieser Art, bei der spätern Durchsicht seiner Werke, auszumerzen bemüht gewesen ist, dass dieselben mithin Stileigentümlichkeiten seiner ersten Periode sind.

Eine auffallende Bestätigung dieser Ansicht finden wir in der bedeutenden Abnahme dieser Wiederholungen, wenn wir sein nur wenig Jahre später gedichtetes zweites Lustspiel »La Veuve« betrachten. Hier finden wir nur halb so viele derartige Stellen, nämlich folgende:

1238 Tu la veux faire heureuse aux dépens de sa foi;
Tu veux seul avoir part à la douleur commune;
Tu veux seul te charger de toute l'infortune,
1943 Plains-moi, plains mon malheur, plains mon trop de franchise,
1496 Ou du tout ne rien dire, ou du tout ne rien taire,
54 Change, pauvre abusé, change de batterie,
1201 Plains, Philiste, plains-toi, mais avec des accents
549 Plus la raison l'attaque, et plus il se roidit;
Plus elle l'intimide, et plus il s'enhardit.
608 Vengeons-nous à loisir de notre indifférence,
Vengeons-nous à loisir de toutes ces langueurs
76 A.: Tout cela cependant sans lui parler d'amour?
Ph.: Sans lui parler d'amour.
197 Après m'avoir de là longtemps considérée,
Après m'avoir des yeux mille fois mesurée,
1076 Ph.: Sa promesse me donne une entière puissance.
Chr.: Sa promesse, sans moi, ne la peut obliger.
500 Comparez-lui l'objet dont vous êtes blessée;
Comparez-en l'esprit, la façon, l'entretien,
538 J'ai su croître sa flamme en la contredisant;
J'ai su faire éclater, mais avec violence,
1196 Ne laisse aucun espoir à mon âme éplorée,
Ne laisse à ma douleur, qui va finir mes jours,
943 Toi qui trahis ma flamme après l'avoir fait naître,
Toi qui ne m'es ami qu'afin d'être plus traître,
1794 Vois-tu dans mon esprit des doutes de ta foi?
Y vois-tu des soupçons qui blessent ton courage,

Gehn wir noch weiter und betrachten in dieser Hinsicht «La Suivante» (gedichtet gegen das Jahr 1634), so finden wir bei genauestem Nachsuchen nur folgende Stellen:

405 A.: Autre objet que mes yeux devers nous vous attire.
F.: Autre objet que vos yeux ne cause mon martyre.
707 C.: Le moyen de forcer mon inclination?
D.: Le moyen de souffrir votre obstination?

709 C.: Qui ne s'obstineroit en vous voyant si belle?
    D.: Qui vous pourroit aimer, vous voyant si rebelle?
733 C.: Ce n'est pas sans raison que mon âme est éprise.
    D.: Ce n'est pas sans raison aussi qu'on vous méprise.
886 D'où lui vient cette humeur de m'être si facile?
    D'où me vient ce bonheur où je n'osois penser?
1273 Florame a droit lui seul de captiver mon âme;
     Florame vaut lui seul à ma pudique flamme
     (s. die Varianten dieses Verses.)
1440 Est-ce votre dessein que je m'en prenne à vous?
     Est-ce votre dessein d'attirer mes blasphèmes,
1458 Fais-toi, fais-toi connoître allant voir ta maîtresse.
1611 C'est pour vous que je change, et pour vous seulement
     Je veux qu'elle renonce à son premier amant.
1669 Daphnis me le ravit, non par son beau visage,
     Non par son bel esprit ou ses doux entretiens,
     Non que sur moi sa race ait aucun avantage,

In »Clitandre« finden wir die folgenden: 17—19, 33, 71—72, 100, 105—107, 200—201, 203, 286, 339—340, 351—352, 361—362, 365—367, 496—497, 527, 543—545, 575, 670—671, 679—680, 726—727, 745—747, 813—814, 830—831, 907—909, 917—918, 942—945, 957—960, 962—963, 997—999, 1010—1011, 1039, 1062, 1227—1228, 1231, 1367, 1379—1380, 1383—1384, 1440—1441. Aus den Varianten kommen noch hinzu: 34, 812, 1030, 1057, 1352, 1384.

In »L'Illusion« aber nur: 305, 318, 440—441, 524—525, 1147—1148, 1394—1395, 1431—1432, 1457—1458, 1523—1524, 1550.

25] Bei genauerer Betrachtung dieser Stellen finden wir, wie sich schon der Übergang in die Antithese, Corneilles später so ausserordentlich bevorzugte Redeform, deutlich bemerkbar macht, sowie ein Bestreben, trotz des Parallelismus eine gewisse Verschiedenheit in die Gestaltung der beiden sich entsprechenden Satzteile zu bringen. Nur zwei der hier angeführten Beispiele aus »La Suivante« (Vers 733 und 1440) sind noch bis zur Verscäsur durchgeführte Wiederholungen.

Übrigens begegnet die Antithese ebenfalls schon bei Hardy, wenn auch nicht so häufig wie bei Corneille. Als Probe mögen folgende Beispiele dienen, deren beide ersten ganz gut für Verse Corneilles passieren könnten:

>   Où ces yeux débondez ne cessent de pleurer,
>   Ma bouche de gemir, mon cœur de souspirer.
> (»Félismène« 315.)
>   Moi qui suis de parens nez paravant la Lune,
>   Tiens tout de ma vertu, & rien de la Fortune,
> (»Arsacome« 133.)
>   Resou toy là dessus, que resout ie lui porte
>   Le destin de sa mort, ou de reuiure morte.
> (»Arsacome« 65.)
>   Vueillez borner mes jours, ou finir mon soucy.
> (»Arsacome« 92).
>   Tu sers autant icy comme là tu nuirois,
> (»Arsacome« 103.)
>   L'asseurence de l'vn, de l'autre est le danger,
> (»Aristoclée« 163.)
>   Mais des illusions ordinaires d'Amour
>   Reuiennent à mes yeux, trauaillent ma pensée,
> (»Félismène« 1569.)
>   Vieillard, de qui dépend mon salut, ou ma mort
> (»Théag. & Car.« S. 14.)
>   De recevoir vn gendre? ou d'enterrer vn mort.
> (»Théag. & Car.« S. 43.)
>   Pour moy ie doy mourir, pour elle ie dois viure
> (»Théag. & Car.« S. 202.)
>   Le beau nous semble laid, le laid nous semble beau.
> (»Théag. & Car.« S. 272.)
>   Ma charge me défend de croire de leger,
>   La votre de subir trop auant le danger,
>   L'vn craint pour son honneur, l'autre pour sa patrie,
> (»Théag. & Car.« S. 412.)
>   Lui a fourny de pont, & à nous de douleur.
> (»Théag. & Car.« S. 422.)
>   Le donne à Sisimetbre, homme meur, homme sage,
>   Du vice la terreur, & des vertus l'image.
> (»Théag. & Car.« S. 492.)
>   Changer ton fiel en doux, ta tristesse en plaisirs.
> (»Théag. & Car.« S. 520.)
>   Le sort ébranleroit à peine ma constance,
>   Amour la trouueroit foible de resistance. (»Dorise« 77.)

Bei Corneille begegnet die Antithese natürlich ungleich häufiger, selbst in seinen ersten Stücken. »Mélite« ist zwar noch ziemlich frei davon, aber schon »Clitandre« zeigt zahlreiche Beispiele:

134 Il n'a d'yeux que pour toi, que mépris pour ma flamme;
287 Mon reste de vigeur ne peut l'effectuer;
    J'en ai trop pour mourir, trop peu pour me tuer:
    L'un me manque au besoin, et l'autre me résiste.

```
566   Je sauve mon amour, et je manque à ma haine.
      Ces contraires succès, demeurant sans effet,
      Font naître mon malheur de mon heur imparfait.
576   L'offense vint de toi, le secours du hasard.
738   Et vouloir m'adoucir, c'est vouloir me déplaire.
771   Il te donne beaucoup en ce qu'il t'interdit,
      Et tu gagnes beaucoup d'y perdre ton crédit.
1047  Miraculeux effet! Pour traître que je sois,
      Mon sang l'est encor plus, et sert tout à la fois
      De pleurs à ma douleur, d'indices à ma prise,
      De peine à mon forfait, de vengeance à Dorise.
1102  Et vengez mon affront, ou souffrez ma vengeance!
1417  Tremble sans craindre trop; hésite, mais aspire;
      Attends de ma bonté qu'il me plaise tout dire,
      Et sans en concevoir d'espoir trop affermi,
      N'espère qu'à demi, quand je parle à demi.
1417  Espère, mais hésite; hésite, mais aspire (Var. 1660-63.)
```

Andere Beispiele bieten noch: Vers 542, 776, 1056, 1234, 1356, 1391. Ferner: »La Veuve« Vers 594, 1345—1346, 1374, 1557, 1690; »La Suivante« Vers 111—112, 1335—1338, 1568; »L'Illusion« Vers 258, 516, 800—801, 994, 1004, Var. 845.

26] Eine andere Stileigentümlichkeit Hardys besteht in längern Aufzählungen. Zum Beispiel:

```
La santé, les amis, la prouesse, les biens  (»Félismène« 11.)
L'Honneur, la chasteté, la vertu, les merites,
La gloire, la beauté, l'amour & les Charites
                                            (»Félismène« 1349.)
De nature courtoise, accorte, liberale,
Meur, discret, moderé,                      (»Félismène« 18.)
Fayneante, inutile, ocieuse, inconnuë,      (»Félismène« 149.)
Dispost, alaigre, inuentif, courageux,      (»Alphée« 323.)
Aucuns démons, characteres, ny charmes,
Sumissions, prieres, feintes, larmes        (»Alphée« 1013.)
Ieune, gaillarde, alaigre, vigoureuse       (»Alphée« 1117.)
Glacé, pâle, tremblant, sans poux & sans haleine
                                            (»Théag. & Car.« S. 196.)
Orphelin, vagabond, inconu, soufreteux.
                                            (»Théag. & Car.« S. 196).
Mon âme, ma moitié, mon Soleil, ma pensée!
                                            (»Théag. & Car.« S. 317.)
Son oreille, son œil, son Phâre & sa conduite
                                            (»Théag. & Car.« S. 376.)
La beauté, les honneurs, la nation, le sang
                                            (»Théag. & Car.« S. 378.)
```

Andere Stellen finden sich: »L'Amour victorieux« 309, »Arsacome« 391, 433, »Gigantomachie« 792.

Bei Corneille finden wir in »Mélite«:

117 La beauté, les attraits, l'esprit, la bonne mine.
233 J'aime bien ces discours de plaintes et d'alarmes,
De soupirs, de sanglots, de tourments et de larmes:

Andere Stellen sind: »L'Illusion« 250, 252, 348.

Zu höchst komischem Eindruck steigert er solche Aufzählung in »L'Illusion« 750, wo Matamore sagt:

Faites, luttes, chevrons, montants, courbes, filières,
Entretoises, sommiers, colonnes, soliveaux,
Parnes, soles, appuis, jambages, traveteaux,
Portes, grilles, verrous, serrures, tuiles, pierre,
Plomb, fer, plâtre, ciment, peinture, marbre, verre,
Caves, puits, cours, perrons, salles, chambres, greniers,
Offices, cabinets, terrasses, escaliers.
Juge un peu quel désordre aux yeux de ma charmeuse;

27] Eine fernere Eigentümlichkeit der Sprache Hardys ist der **Ausruf**, der oft selbst zwei ganze Verse umfasst. So z. B. »Ravissement« 971:

O malheur! ô douleur! ô perte irreparable!
O prodige trop vray! ô Ciel inexorable!

Wählen wir aus den vielen Beispielen bei Hardy nur folgende aus:

O desespoir horrible! ô rage insupportable! (»Procis« 732.)
O rage! ô desespoir! ô enorme infamie! (»Félismène« 1533.)
Ne le prétendre plus! ô desespoir! ô rage!
 (»Théag. & Car.« S. 329.)
O malheur! ô malheur! ô rage! ô desespoir!
 (»Théag. & Car.« S. 120.)
O cruelle réponce! ô rage, ô desespoir!
 (»Théag. & Car.« S. 246.)
Le desespoir me tient, la rage me maitrise.
 (»Théag. & Car.« S. 276.)
O honte, ô desespoir, he? quoy sans soutenir
 (»Théag. & Car.« S. 413.)
O honte, ô desespoir, ô malheur, ô malheur.
 (»Théag. & Car.« S. 421.)
O outrage! ô affront! ô tort irreprochable! (»Raviss.« 77.)
O creuecœur! ô honte, ô lasche que ie suis! (»Raviss.« 87.)

(Ähnliche Ausrufe finden sich: »Ravissement« 277, 1301, 1384—85; »Force du Sang« 235—36, 719, 853—55, 945, 1045, 1453; »Gigantomachie« 365—366, 721, 789, 867;

»Félismène« 715, 1016, 1045, 1167, 1197, 1256, 1281, 1533, 1583; »Dorise« 361, 509, 1023; »Corine« 115, 166—167, 313, 563, 1039, besonders »Arsacome« 921—27), und vergleichen hiermit die Variante der Ausgaben von 1632—57 zu Vers 345 des »Clitandre«:

    O honte! ô crève-cœur! ô désespoir! ô rage!

so sehn wir hier alle vier Lieblingsworte Hardys vereinigt, und scheint dieser Vers Corneille sehr gut gefallen zu haben, da er ihn völlig gleichlautend in »La Veuve« wiederholt (Variante zu Vers 1914). Später hat er im »Clitandre« das nicht sehr poetische »crève-cœur« in »déplaisirs« geändert und in »La Veuve« den Vers mit mehreren andern gestrichen.

Aber auch später noch, im »Cid«, finden wir Vers 237:

    O rage, ô désespoir! ô vieillesse ennemie!

28] Sentenzen galten zu Hardys Zeit als grosser Schmuck des Dramas. Hardy bezeichnet sie sogar, wie auch Garnier und andere, der besondern Hervorhebung wegen, meist durch Anführungszeichen:

    »On doit hair les vices, seulement
    »Pour l'amour d'eux, leurs hôtes nullement! (»Alphée« 487.)

Öfters hebt er auch die Sprichwörtlichkeit derselben besonders hervor:

    L'occasion (dit certaine sentence)
    Traine compagne apres la repentence: (»Alphée« 1161.)
    Le vieil prouerbe icy te reglera
    »Tel different, ayme qui t'aymera.   (»Alphée« 391.)

Als Beispiele für Sentenzen bei Hardy mögen dienen: »Alphée« 80, 113—15, 315—316, 394, 478, 493—96, 598, 618, 829—830, 1235—1236, 1415—1416.

Obwohl Corneille sich gegen die zu häufige Anwendung solcher Sentenzen später sehr heftig ausspricht[1]), so wendet er sie in seinen Jugendwerken oft genug an.

Als Probe mögen einige Stellen aus »Clitandre« dienen:

    947 Le courroux d'une femme impétueux d'abord,
          Promet tout ce qu'il ose à son premier transport;

---

1) Discours du Poëme dramatique. Ed. Marty-Laveaux 1, 18.

> Mais comme il n'a pour lui que sa seule impuissance,
> A force de grossir il meurt en sa naissance;
> Ou s'étouffant soi-même, à la fin ne produit
> Que point ou peu d'effet après beaucoup de bruit.
> 1475 Un roi doit se donner, quand il est irrité,
> Ou plus de retenue, ou moins d'autorité.
> 733 Le généreux orgueil des âmes magnanimes
> Par un noble dédain sait pardonner les crimes;
> 124 Ce n'est que faute d'air que le feu s'amortit.
> 1521 Un crime attire l'autre, et de peur d'un supplice,
> On tâche, en étouffant ce qu'on en voit d'indice,
> De paroître innocent à force de forfaits.

Fernere Stellen: »L'Illusion« 789—90, 838, 860, 1075—76, 1479—80.

29] In seinem Argument zu »La Veuve« (Ed. Marty-Lavaux I, 396) sagt Corneille: »Cette comédie peut faire connoître l'aversion naturelle que j'ai toujours eue pour les *a parte*.« Auch bei Hardy finden wir dieselben nur sehr selten.

30] Wortspiele und witzige Stellen kommen bei beiden Dichtern vor, sogar ganz gleich unlogische Stellen.

So sagt Venus bei Hardy zu ihrem göttlichen Sohne:

> Quelle malice inhumaine te meut (»Corine« 873.)

In gleicher Weise beklagt sich Clitandre:

> 293 Voyez, Dieux inhumains...

Freilich geht Hardy einmal sogar noch weiter, indem er die Venus sagen lässt:

> Deux Nymphes, deux superbes de beauté
> Me font mourir de leur déloyauté,
> Me font mourir de voir leur tyrannie
> Sur leurs amants s'exercer infinie,
> (»L'Amour victorieux« 31—34.)

Eine von beiden Dichtern sehr bevorzugte Form ist die **contradictio in adiecto**. Oft lassen sich sogar gleiche Beispiele hierfür bei beiden Dichtern nachweisen.

> .... en son malheur heureux, (»Alphée« 715.)
> .... en son malheur heureux, (»La Force du Sang« 908.)
> .... heureux en mon malheur (»Dorise« 294.)

Bei Corneille:
>   Si notre heureux malheur a produit ce miracle,
>   (»Clitandre« 1433.)
>   Et que l'heureux malheur qui vous a menacés
>   (»Clitandre« 675.)¹)

Andere Beispiele bei Hardy sind:
>   A peu de bruit luy parlant sans parler,
>   (»Corine« 448.)²)
>   Vne laideur belle luy represente, (»Alphée« 770.)
>   La iuste peur d'vne iniuste poursuite, (»Corine« 940.)

Bei Corneille:
>   A ravir la beauté qui lui ravissoit l'Ame;
>   (»La Veuve« 1576.)
>   Ne vous estimez pas quitte pour la quitter,
>   (»La Suivante« 1539.)

31] Lotheissen (Band II, S. 163) sagt, indem er von dem Klassicismus jener Zeit spricht: »Man begreift aber, wie fremdartig es auf die Zuschauer wirken musste, wenn in der »Mélite«, einem modernen Zeitbild, von den Göttern und der Unterwelt die Rede war, wenn in »Clitandre« ein Mädchen erklärte, es wolle zu den »Vestalinnen« flüchten. So war allerdings schon die Sprache der »Asträa« gewesen und auch Racan hatte in seinen »Bergeries« so geredet.«

Hier können wir hinzufügen, dass Hardy ganz denselben Gebrauch hat und selbst in modernen, meist spanischen Stücken. Beispiele für mythologische Anspielung sind bei beiden Dichtern sehr häufig, oft sogar ganz gleiche:
>   L'homme peut, vertueux, des autres triomfer,
>   Peut, Alcide, au berceau, ces monstres étouffer,
>   (Hardy: »Fregonde« 3—4.)
>   Ayant à retirer cette masse du poix
>   D'vn redoutable Alcide & qui frappe de loin,
>   (Hardy: »Aristoclée« 451.)
>   Que Loncate vn Alcide, vn precieux modelle,
>   (Hardy: »Arsacome« 990.)

---

1) Que le sort m'a rendue heureuse en mon malheur!
   (Racan: Berg. Act III, V. 4, S. 69.)
2) Quant son teint, qui rougit, et son cœur, qui souspire
   En s'approchant de moy, me disent, sans parler,
   Le mal que le respect luy contraint de celer.
   (Racan: Bergeries, Act II, Scene 2, viertletzte Zeile. Bibl. Elzevirienne I, 49.)

Fernere Stellen finden sich bei Hardy: »Théag. & Car.«
S. 22, 248, 489; »Fregonde« 549; »Félismene« 1372; »Phraarte«
705, 1263; »Aristoclée« 452. Selbst in der Mehrzahl gebraucht:
>   l'estime qu'il faloit de plus vaillans Alcides
>   (»Théag. & Car.« S. 230.)
>   De qui naitront vn iour des enfans valeureux,
>   Des Alcides, l'éfroy de toute tirannie.
>   (»Théag. & Car.« S. 464.)

Ebenso bei Corneille:
>   Ainsi qu'un autre Alcide, en m'arrachant des fers,
>   (»Clitandre« 1303.)

Eine ähnliche Vorliebe für die Bezeichnung »Alcide« finden
wir auch bei Rotrou und lässt sich das Wort aus seinem 1618
verfassten Erstlingswerke, dem »L'Hypocondriaque«, zweimal
belegen (Oeuvres 5 vol. Paris 1820: Bd. I, Seite 8, Vers 13 und
Seite 37, Vers 1).

Wie fühlt man sich aber erst an Hardy zurückerinnert,
wenn man im »Clitandre« Vers 1280 liest:
>   Et je saurai changer ses myrtes en cyprès.

Eine Redewendung, die man aus Hardy sehr zahlreich belegen
kann, man vergleiche z. B.: »Ravissement de Pluton« 1246,
»La Force du Sang« 1526, »Félismène« 1324, »Dorise« 140,
»Théag. & Car.« S. 288.

32] Corneille sagt am Schluse seiner Vorrede zu »Clitandre«
(Marty-Laveaux, I, 264): »de sorte qu'en l'état que je donne cette
pièce au public, je pense n'avoir rien de commun avec la
plupart des écrivains modernes, qu'un peu de vanité que
je témoigne ici.« Hardy gehörte damals allerdings nicht mehr
ganz zu den »écrivains modernes«.

Die Ähnlichkeit der Ansichten unsrer beiden Dichter er-
kennt man z. B., wenn man folgende Stellen nebeneinanderhält:

Theophane von seiner Tochter:
>   Son sexe, que veux-tu, se fait prier souuent,
>   De chose où son desir aspire plus feruant.
>   (»Aristoclée« 1871.)

Rosidor zu seiner Geliebten:
>   Ton sexe, qui défend ce que plus il desire,
>   (»Clitandre«, Var. zu 1384, Bd. I, S. 367.)

Aber nicht nur in solchen Dingen gehen ihre Meinungen Hand in Hand, sondern auch in der so wichtigen Frage betreffs des Zulässigen bei Abfassung von Theaterstücken.

Corneille spricht seine Meinung in folgenden Worten aus:

»Cependant mon avis est celui de Térence: puisque nous faisons des poèmes pour être représentés, notre premier but doit être de plaire à la cour et au peuple, et d'attirer un grand monde à leurs représentations. Il faut s'il se peut, y ajouter les règles, afin de ne déplaire pas aux savants, et recevoir un applaudissement universel; mais surtout gagnons la voix publique;« (Epître dédicatoire zu »La Suivante«. Ed. Marty-Laveaux II, 119.)

Vergleichen wir hiermit Hardys Ansicht, die er in seinem Briefe an Payen ausspricht:

»Tout ce qu'aprouue l'vsage et ce qui plaît au public deuient plus que legitime.«